PROPOSITION

D'ÉRIGER UNE STATUE

A

LOUIS-LE-DÉSIRÉ.

DE L'IMPRIMERIE DE SÉTIER,
Cour des Fontaines, n° 7, à Paris.

PROPOSITION

D'ÉRIGER UNE STATUE

A

LOUIS-LE-DÉSIRÉ,

SUIVIE

De Réflexions nécessaires sur le défaut d'exécution de la loi qui ordonne qu'un monument expiatoire sera construit dans le lieu même où le sang de Louis XVI a coulé;

D'UN PROJET

Pour le rétablissement de la Statue de Louis XV;

De quelques idées sur l'érection de celles de Louis XII, de feu S. A. S. Mgr. le Prince de Condé, et de Saint-Louis;

ET

Sur l'emplacement à choisir pour la construction d'un Palais destiné à la Cour suprême de Justice:

PAR CLAUDE-ANTOINE CHAMBELLAND,

Auteur de la Vie du Prince de Condé.

PARIS,

chez DENTU et chez les principaux Libraires du Palais-Royal.

1824.

PROPOSITION

D'ÉRIGER UNE STATUE

A

LOUIS-LE-DÉSIRÉ.

Ayant publié, au mois d'avril 1814 (1), le premier projet qui a paru en France, *pour l'élévation d'un monument à la mémoire de Louis XVI, de sa famille et du duc d'Enghien*, je crois, à ce titre, et par cette priorité, n'être pas tout-à-fait sans mission, en prenant aujourd'hui l'initiative dans une circonstance où je ne puis, toutefois, que me rendre l'interprète du vœu général.

A ce peu de paroles, on devine déjà qu'il s'agit d'acquitter la dette d'amour et de reconnaissance, contractée par trente millions d'hommes, envers le sage arbitre de nos destinées politiques, qui, en restaurant la monarchie, a fondé la liberté, qui sut lier le passé à l'avenir, et qui, des débris de l'antique domaine de

---

(1) Voir le *Journal de la Côte-d'Or*, celui des *Arts*, et le *Moniteur*, mois d'avril et mai de cette année.

Clovis, a fait un nouveau royaume, et presque un nouveau peuple.

Certes, il a bien acquis le droit à la perpétuité de sa présence au milieu de nous, l'auguste auteur de la Charte! Quelle voix oserait s'élever contre cet acte de la gratitude de ses contemporains, lorsque les siècles futurs s'apprêtent à confirmer, par leurs applaudissemens et leur vive admiration, tout ce qu'a fait ce Roi dont la carrière fut entièrement remplie par des méditations sur le plus grand bien à nous faire, selon notre caractère, nos passions, notre histoire, nos mœurs et même nos préjugés?

Mais, dans quel lieu, sur quelle place de la Capitale, exposer à la vénération publique l'effigie de Louis-le-Désiré? Ce lieu, cette place s'offre à tous les regards, chacun peut les indiquer aussi facilement que moi.

Devant le temple magnifique destiné à devenir le centre de toutes les spéculations commerciales de Paris et des provinces, quel Français n'aimerait à contempler les traits du Souverain dont l'efficace et miraculeuse entremise a rouvert nos communications avec les quatre parties du globe; du législateur qui, par la promulgation des lois les mieux pondérées, en rendant tous ses sujets admissibles aux postes d'honneur, les a tous invités au travail et à l'industrie : voies aussi avantageuses que sûres,

pour parvenir aux premiers emplois; de l'habile *conducteur d'hommes* qui, unissant toutes
les classes de la société, dans un intérêt com-
mun, les a toutes attachées à la prospérité de
l'État, dont la durée ne peut se soutenir, aux
jours où nous vivons, que par la prospérité du
négoce.

Loin de moi la prétention d'asservir le génie
des artistes à mes idées, à mes sensations par-
ticulières, et de resserrer le cercle de leurs
fécondes conceptions! Qu'ils fassent usage de
toutes leurs facultés, pour nous donner un
monument digne du prince, digne de la nation;
qu'ils exaltent à l'envi leur imagination créa-
trice, qu'ils mettent en œuvre la plus rare ha-
bileté, qu'ils nous révèlent le goût le plus ex-
quis, et surtout que leurs crayons, leurs ciseaux,
leurs spatules se laissent guider par les mouve-
mens du cœur : je n'aspire qu'à leur donner
seulement l'impulsion.

Je demande donc, sans y mettre d'autre importance que celle du sujet, assez susceptible d'attention par lui-même (1), « que, sur la place *de*
» *la Bourse*, qui porterait à l'avenir le nom de
» *Louis-le-Désiré*, on nous offre ce moderne

---

(1) J'ai adressé cette proposition à Son Exc. le Ministre
de l'intérieur, et je ne fais ici que répéter les expressions
contenues dans ma lettre.

» Numa, en pied, revêtu du manteau royal et
» de tous les insignes de la royauté ; tenant d'une
» main le sceptre qui ne pesa jamais sur nous,
» et de l'autre, un rouleau de vélin sur lequel on
» lirait ces mots sacrés : *Charte Française.*

» Aux quatre coins du piédestal, quatre
» figures en bronze, comme celle du monarque,
» signaleraient allégoriquement ses précieuses,
» ses habituelles vertus : ainsi la piété, la justice,
» la force, la clémence, formeraient le constant
» cortège du petit fils d'Henri IV.

» Sur la première face du piédestal, une ins-
» cription rappellerait la date de sa naissance,
» celle de sa mort, et sur les trois autres faces,
» on graverait, en lettres profondes, son immor-
» tel ouvrage. »

Par ce moyen, les Français de tous les âges,
de toutes les conditions, pourraient venir, à
chaque instant, contempler l'image de celui qui
a fixé les limites de leurs droits, de leurs de-
voirs ; et se pénétrer de cette vérité, trop long-
temps méconnue, que le pouvoir d'un seul,
tempéré par une puissante aristocratie, et par
le concours d'une LIBRE chambre des com-
munes, est le meilleur gouvernement que puisse
combiner la faible et imparfaite prudence hu-
maine.

Mais, tandis que je parle de statue, de monument, pourquoi ne ferais-je pas entendre

mes regrets de voir sans exécution la loi qui ordonne d'élever, *à la mémoire de Louis XVI*, sur le lieu même où tomba sa tête couronnée, sur la terre trempée de son sang royal, l'autel de l'expiation ?

On a dit que cette place ayant été précédemment consacrée à la gloire de Louis XV, c'est sa statue qu'il faut y dresser et non celle de son infortuné successeur : on s'est trompé, on se trompe encore. La terrible scène qui s'est passée sur ce terrain trop historique, le donne tout entier et pour toujours, au souvenir de Louis XVI : il n'est point permis à un autre bronze que le sien, de presser ce sol religieux ! Est-il quelque gloire mortelle, qui puisse l'emporter sur la gloire toute céleste du saint martyre ? Est-il quelque victoire dont l'éclat puisse effacer les torrens de lumière jaillissant de chaque syllabe du testament du juste ? Est-il quelque renommée dont le bruit soit capable d'étouffer son dernier soupir, et d'empêcher qu'il ne retentisse, pendant des siècles, d'un bout à l'autre de ce théâtre tragique ?

Que pour cela l'on ne croie point à l'impossibilité du rétablissement de l'effigie du vainqueur de Fontenoy, du monarque qui reçut à Metz tant de preuves de l'idolâtrie française pour les Bourbons.

Nous avons promis de réparer les fautes, tranchons le mot, les forfaits, dont le délire révolutionnaire affligea la capitale, il y a plus de trente années, et assurément un des plus remarquables et des plus désastreux, fut le renversement des statues royales; nous le ferons : tout nous le commande.

Si l'événement qui a sanctifié la place Louis XV ne fut point arrivé, nul doute qu'une seconde fois elle ne dût présenter à nos yeux le prince qui en traça le plan, qui l'entoura des plus imposantes constructions : du Garde-Meuble, rival du Louvre, qui perça la rue Royale, et qui posa la première pierre de la Madeleine; mais la décence et, disons plus, la loi, y apporte un obstacle invincible.

Au reste, il est d'autres enceintes, qui ont droit de réclamer également l'image que les coups des fanatiques ont fait disparaître, l'image de ce *Bien-Aimé* (1) à qui l'on doit autant de palais, autant d'ouvrages de sculpture et d'architecture qu'à Louis XIV, puisque sous son règne furent encore bâtis l'École militaire, noble et vaste édifice, dont malheureusement les plus belles parties tombent en ruine

______

(1) Louis reçut à Metz ce surnom, et il le méritait par sa belle conduite dans la campagne de 1744.

à vue d'œil , par défaut d'entretien ; l'Hôtel des monnaies, l'École de médecine, la Fontaine de grenelle , la Halle aux bleds , Saint-Sulpice (1), de nombreux pavillons au Jardin des plantes, l'alignement et le dégagement des boulevards, le pont de Neuilly , beaucoup d'autres constructions utiles , et enfin Sainte-Geneviève burlesquement appelée le Panthéon , dans les fastes républicains ; basilique comparable aux chefs-d'œuvre de l'Egypte et de la Grèce , et qui, après Saint-Pierre de Rome et Saint-Paul de Londres, est la plus belle église de l'Europe.

C'est au *point medium* de l'hémicycle qui la précéda , et dont nous devons espérer que nous verrons un jour l'achèvement, qu'il faut porter la statue équestre de Louis XV. La statue pédestre de Justinien (2) appelait tous les regards devant Sainte-Sophie à Constantinople, et celle de Théodose, devant le palais des Blaquernes (5); le Roi qui a dressé les colonnes du

---

(1) Le curé Languet a fait des prodiges pour amasser les sommes nécessaires à la construction de cette paroisse ; mais malgré tous ses efforts il n'aurait jamais pu rassembler assez de fonds, si la munificence royale n'était point venue dix fois à son secours.

(2) Les anciens ont rarement représenté leurs princes, leurs généraux, à cheval.

(3) Le palais des Blaquernes qui , par diverses vicissi-

temple dédié à la patronne de Paris, a bien droit, sans doute, à des honneurs pareils.

D'ailleurs, et sous un autre point de vue, il se joint ici un double sentiment de justice distributive. Ces sortes de décorations publiques, qui sont toujours très-ardemment enviées, à raison de leur petit nombre, de leur destination et des réminiscences magiques que leur aspect fait naître, ont paru jusqu'ici réservées à la seule rive droite de la Seine, la rive gauche ne possède aucune de ces merveilles de l'art; qu'on lui accorde donc, à son tour, quelques-uns de nos princes ressuscités dans l'airain ou le marbre, deux ou trois de ces précieux trésors auxquels le temps ne fait qu'ajouter de la valeur, et traitons nos compatriotes *d'au-delà les ponts* sans inégalité de partage.

Il est, dans cette moitié de Paris, une autre place dont la prochaine régularité et la spacieuse étendue sollicitent avec autant de faveur que la place Sainte-Geneviève, une de ces bonnes fortunes monumentales : c'est le vaste carré où

---

tudes, tantôt servait de résidence aux empereurs grecs, tantôt de casernes à leurs troupes, fut, dit-on, bâti par Constantin-le-Grand, réparé par Théodose, puis reconstruit plusieurs fois, en entier, par les Princes du Bas-Empire. Voy. l'*Histoire Bysantine.*

se déploie dans une majestueuse et gigantesque hauteur, le magnifique portail d'une église déjà nommée, de ce Saint-Sulpice, affectant les formes de Saint-Jean de Lazare de Rome ; mais plus parfait et plus colossal que son modèle. Une élégante fontaine en occupe le milieu, il est vrai, mais sa petitesse contraste ridiculement avec la masse énorme près de laquelle on l'a posée, et, tôt ou tard, le bon sens et la loi des proportions forceront à la faire disparaître.

Qu'on se hâte donc d'y substituer l'image illustre et débonnaire du père du peuple, de ce Louis XII, à qui nous n'avons encore offert aucun tribut public, de ce Roi sans fierté qui, *tout ainsi* que Charles X, recevait *de sa personne*, verbalement ou par écrit, les *doléances* de ses sujets, et qui laissait tout dire, tout publier, *pourvu qu'on respectât Dieu et l'honneur des dames ;* de ce Louis XII, qui aimait tant à se promener dans les champs et les marais où sont assis maintenant le beau quartier du Luxembourg et une partie de celui de Saint-Germain-des-Prés, et qui, pour se délasser des peines et des travaux d'un gouvernement aussi difficile au dehors que paisible et heureux au dedans, allait *ouïr chanter messe* par les enfans de Saint-Benoît, *et vépres*, à la Chartreuse, par ceux de Saint-Bruno.

On le représenterait au moment où il reçoit

des Etats-Généraux le plus glorieux des titres ; et sous lui deux jets d'eau, sortant d'un piédestal, remplaceraient la fontaine actuellement existante.

Mais pourrait-on oublier qu'en 1818, le projet fut arrêté d'enrichir la place Bourbon, par la statue du *défenseur armé du trône de Louis XVI*, de ce prince de Condé qui fut un nouveau chevalier sans peur et sans reproche, et qui montra à l'Italie, à l'Allemagne, à la Pologne, à la Russie, à l'Angleterre, comme à la France, la réunion de la politesse la plus exquise à la franchise la plus militaire; l'attachement le plus inébranlable pour les anciennes mœurs de sa patrie, avec toute les connaissances des temps modernes sans en partager les erreurs; le stoïcisme d'un sage avec la sensibilité la plus touchante; la circonspection d'un grand capitaine avec l'audace d'un soldat; la fidélité la plus constante à son Roi avec la confiance la plus absolue dans son Dieu.

Un autre héros, le maréchal duc de Tarente, avait été choisi, pour veiller à l'exécution de ce plan: c'était remettre le soin de l'ancienne gloire de la France à un des soutiens de sa gloire nouvelle. (1)

____

(1) Le Prince de Condé a toujours professé la plus haute estime pour les talens et le beau caractère moral du maré-

Par quelle fatalité, le marbre ou le bronze n'a-t-il pas produit, pour la satisfaction de ses vieux compagnons d'armes, les traits du général en chef des émigrés !

On a supposé l'emplacement trop étroit, pour y dresser une statue ; mais on semblait donc ignorer, qu'au bout du Pont Neuf, au milieu d'un carré deux fois plus petit que celui destiné à recevoir la noble effigie, il existe une fontaine, occupant un espace aussi vaste que le plus large piédestal, et que la circulation n'en est point ralentie.

On a dit, que le système actuel, que l'établissement de la Charte, s'opposaient, en quelque sorte, à ce qu'on décernât un tel honneur à celui qui avait pris les armes pour le maintien de l'ancien régime : fausse et insultante réflexion! Le prince qui défendit les lois établies alors, s'il existait aujourd'hui, et si un miracle lui rendait la jeunesse et la force, combat-

---

chal Macdonald. En s'entretenant de la bataille de *la Trébia*, il dit au chevalier de Contye, qui me l'a répété plusieurs fois, que ce général lui paraissait aussi habile que loyal, et je me suis plu à rapporter dans la Vie de ce Prince cette opinion si honorable pour un guerrier sur lequel tous les jugemens s'accordent, avec celui d'un aussi bon appréciateur du mérite.

trait pour la Charte, comme il l'a fait si héroï-
quement, pour nos anciennes immunités. Le
propre d'un homme de bien est d'employer tous
ses moyens pour l'affermissement des lois exis-
tantes, avouées, données par le Souverain!
selon les règles et dans les formes constitutives.

Qu'on n'hésite donc plus à nous offrir, sur
cette place qui fut décorée, embellie par sa
munificence, un prince qui, ayant fait son strict
devoir, semblera inviter chacun à remplir le
sien.

Il est un autre oubli plus extraordinaire encore, plus remarqué des provinciaux, des étran-
gers surtout: l'auteur de la race des Bourbons
Louis IX, Saint-Louis enfin, n'apparaît sur
aucune place de la capitale! et partout, que
n'entendons-nous peas tous les jours? Ne dit-
on pas à nos princes qu'ils sont les fils de
ce grand Roi? Ne parle-t-on pas constamment
de son héritage? N'invoque-t-on pas sa sagesse, sa
justice? N'implore-t-on pas sa céleste protection?
Est-il un seul événement notable qui intéresse
le sort de la monarchie, où son nom ne soit point
prononcé? Et l'on cherche vainement sa statue où
elle devrait être, non loin de celles d'Henri IV,
ou de Louis XIV!

Que le Chef d'une dynastie si chère aux Français reçoive donc leurs publics hommages, et

que l'Europe ne nous reproche plus, à cet égard, l'insouciance et l'ingratitude. Ce fut Saint-Louis qui, par ses *établissemens*, premier pas fait vers l'égalité des droits, commença le grand et difficile ouvrage terminé par Louis XVIII; ce fut Saint-Louis qui traça la ligne de démarcation entre le pouvoir spirituel et le pouvoir temporel; ce fut lui qui apprit au pauvre, qu'un Roi de France est le père de tous ses sujets; ce fut lui qui voulut que les mœurs appuyassent les lois, et qui apprit à sa nation que le premier des intérêts, pour un peuple, est toujours celui de la religion qu'il professe.

Le lieu où doit briller son image est indiqué par l'histoire. Devant le palais qu'il habita si long-temps, aujourd'hui transformé en palais de justice à la place Dauphine, en face d'Henri IV, élevons sa royale statue. Henri IV et Saint-Louis en regard! c'est mettre en communication de pensées, de sentimens, les deux hommes qui ont le plus aimé la France, qui ont voulu faire le plus pour elle! Ils sembleront toujours s'entendre pour la protéger et l'instruire.

Peut-être s'étonnera-t-on que j'ose proposer la disparition d'un monument consacré à la gloire d'un général distingué, dont le caractère autant que la bravoure fit honneur à nos armes;

on entend que je veux parler du cippe qui devait transmettre à la postérité le nom et les exploits de Desaix. Qu'on se rassure, je me garderai bien de vouloir diminuer nos trophées militaires. Desaix ne quittera point le lieu qu'on a choisi pour le rappeler à notre mémoire; au contraire, son cénotaphe, plus grand et plus beau, n'en apparaîtra que davantage aux yeux de la foule qui se presse en tous sens sur le point le plus fréquenté de Paris. Assurément il serait difficile de la placer plus avantageusement qu'entre le vainqueur de Massoure et le vainqueur d'Ivry!

Mais comment concilier l'un et l'autre de ces projets? Cette question m'amène naturellement à mettre au jour celui que j'ai depuis long-temps conçu pour la construction d'un palais destiné au premier des tribunaux de la France, à la Cour régulatrice qui, par son rang supérieur, fixe les regards de tous les justiciables du royaume, et à laquelle on ne peut refuser un séjour qui réponde à la grandeur et à l'importance de ses attributions.

Aussi, le gouvernement a-t-il si bien senti ce besoin que, dans le programme des prix d'architecture pour l'année 1825, on remarque la proposition d'un palais pour la Cour de cassation.

Ainsi que je l'ai fait, en ce qui regarde la statue de Louis XVIII, au commencement de cet écrit, je dirai que je ne prétends, en aucune manière, rivaliser avec les hommes de l'art qui peuvent s'occuper de tracer le plan de l'édifice réclamé par les convenances et la dignité dont les organes de la justice ne sauraient trop être entourés de toutes parts.

Je laisse donc aux architectes le libre choix de l'ordre, du style, de la distribution, des ornemens; il appartient à eux seuls d'en traiter. Mais comme, de toute nécessité, pour bâtir un palais, il faut un terrain, un local, c'est ce terrain, c'est ce local que j'indique, et là seulement se borne la manifestation d'une conception hardie, que, comme tout rêveur, j'ai, sans contredit, bien le droit d'imprimer.

Qu'on abatte les maisons qui forment le triangle de la place Dauphine, jusqu'à la rue du Harlay, et la partie de cette rue attenante à la place y comprise.

Qu'on transforme l'autre ligne de cette même rue en deux superbes corps-de-logis coupés par l'entrée de la cour du Harlay, cour qui sera reconstruite en entier, et dans un genre propre à sa destination.

Que ces deux corps de bâtiment se trouvent assis sur un plateau, auquel on parviendrait par dix ou douze degrés, et qu'ils offrent l'aspect que présenterait le Garde-Meuble élevé de la sorte.

Qu'autour de la place, une colonnade couverte, semblable à celle qui précède Saint-Pierre de Rome, mais sur des dimensions plus réduites, conduise au temple que les Lavaquerie, les Talon, les Molé desservirent avec tant de lustre.

Qu'à l'entrée de chacun des côtés de cette colonnade, une fontaine donne des eaux en abondance.

Que sur l'une on y pose le buste de Desaix, et qu'on y inscrive le nom des campagnes où il montra sa capacité et sa valeur;

Que sur l'autre on inaugure le buste de *Stofflet*, trop peu rappelé à la fidélité française, de Stofflet, qui fut un plébéien, un simple soldat comme Desaix, et comme lui, qui est parvenu au généralat, au commandement en chef d'une armée, par ses propres moyens, par l'impulsion de son génie, par l'énergie de son caractère.

Enfin, qu'au centre de l'enceinte formée au moyen de la colonnade, on admire St-Louis, entouré des laboureurs de ses domaines, et leur rendant la justice. Groupe sublime! leçon fructueuse pour les grands de la terre! touchante alliance de la faiblesse et de la force, du trône qui peut tout quand il a l'affection de ses sujets, avec ces mêmes sujets qui, à leur tour, sont exposés à tous les malheurs, quand il leur manque l'appui du trône !

Telle est l'idée que je me suis faite de la plus magnifique union de l'architecture et de la sculpture, secondées par la position topographique et les souvenirs de l'histoire.

Je ne sais si l'imagination me séduit et m'entraîne ; mais quand je me transporte en pensée sur le Pont-des-Arts, et que je me figure avoir devant les yeux ce magique tableau, quand je jette un regard de côté, et que j'aperçois le chef-d'œuvre de Perrot, les Tuileries, le pont Louis XVI, la Chambre des Députés, l'Institut, la Monnaie, toute cette suite de palais, assemblage unique en Europe, et que je contemple comment elle termine, avec quelle majesté elle finit d'une part aux sacrés parvis de Thémis, et de l'autre à l'habitation des Rois, je m'écrie que nous n'avons plus rien à envier aux anciens.

Ce n'est pas seulement le désir d'ajouter une merveille à toutes celles dont est couvert le sol de la Capitale, qui m'engage à publier ce dernier projet, une raison politique s'y joint en même temps. Si elle peut sembler frivole, et même ridicule à beaucoup de personnes, je me flatte qu'elle paraîtra digne d'attention aux véritables hommes d'Etat, et ce suffrage en vaut bien un autre.

Le peuple en général juge ordinairement par l'extérieur; toutes ses sensations ne sont guères que le résultat immédiat de ses perceptions les plus rapides; ainsi l'habit, le logement, lui donnent pour l'homme qu'il est appelé à écouter, à suivre comme guide, un degré de considération relatif à l'attitude que cet homme tient dans le monde, et au faste qu'il déploie.

Dans la tendance actuelle de la société, le commerce qui gagne chaque jour du terrain, qui reçoit dans sa large et facile agrégation, à chaque heure, de nouveaux renforts; le commerce, dont la jurisdiction exceptionnelle se trouve, par suite de la multitude des transactions revêtues de la forme négociable, appelé à prononcer sur les différends de toutes les classes de la société, paraîtrait bientôt, aux yeux de la masse parisienne, posséder une magistrature dont l'éclat surpasserait, effacerait même celui de toutes les Cours de justice, si on ne se hâtait de les loger avec autant de somptuosité que les juges-consuls qui siégeront incessamment sous des lambris plus riches que ceux sous lesquels se rassemblait l'aréopage d'Athènes.

Ce n'est pas que je blâme le luxe extrême avec lequel la bourse est construite. Le cirque où roule et se joue le char de la fortune, doit porter tous les signes de l'opulence. Ce n'est point que je veuille rabaisser la profession du négociant : personne n'étant plus convaincu que moi de cette maxime, *que le commerce et l'agriculture sont les artères du corps social.* Mais la justice en est la gardienne, la conservatrice; elle doit donc primer au-dessus de tout, et la Cour qui réforme les sentences, les arrêts; la Cour qui n'a que le Monarque au-dessus d'elle, doit en quelque sorte tenir de la grandeur royale dans son sanctuaire, dans ses avenues comme dans son pouvoir.

Reste une objection qui ne sera point insurmontable; la dépense, pour toutes ces constructions, ces statues (1).

Dans un gouvernement qui, sans fouler le peuple, perçoit près d'un milliard d'impôts, comment ne trouverait-on pas chaque année, deux ou trois millions à économiser, pour exposer à la vénération de la multitude, les meilleurs des Rois, et pour établir convenablement la première magistrature ?

Je ne prétends faire la critique d'aucun sys-

---

(1) On se récriera sans doute sur ce qu'il en coûterait pour l'achat des maisons de la place. Hé bien, c'est parce qu'on s'en exagère la valeur. Dans un écrit subséquent, je la donnerai à peu près, et l'on sera étonné de la modicité de la somme à sacrifier pour 'exécution.

tême d'administration, je ne veux me livrer à aucune allusion satirique; mais si j'ouvre seulement l'oreille à ce que l'on dit partout sur l'emploi ou le divertissement d'énormes capitaux; il y aurait eu suffisamment de fonds, et par-delà, pour élever des bronzes à tous nos bons Rois, à tous nos grands Princes, et l'on sait qu'ils sont nombreux ; comme aussi de mettre debout quatre ou cinq palais, d'orner quatre ou cinq places, avec plus de magnificence que n'en comportent mes projets.

Gloire au Magistrat, au Ministre, au Souverain qui, en les accueillant, et les mettant à exécution, rempliront le vœu de Paris et celui du royaume.

Le peuple français, sensible, vif, impatient, amoureux de tout ce qui frappe l'imagination, de tout ce qui ébranle l'âme, veut le fracas des armes, ou la jouissance des arts, portée au plus haut degré. Nous avons eu, pendant plus d'un quart de siècle, un éclat belliqueux qui a surpassé celui des âges précédens : obtenons maintenant une splendeur qui l'emporte sur celle dont brilleront les temps les plus féconds en production du génie, et que le siècle de Charles X soit pour notre nation ce que fut le siècle de Léon X pour l'Italie !

CHAMBELLAND,
Auteur de la Vie du Prince de Condé.

www.ingramcontent.com/pod-product-compliance
Lightning Source LLC
Chambersburg PA
CBHW051419060726

47596CB00005B/2287